Reinhold Ruthe

Loslassen

Wege zur Gelassenheit

Reinhold Ruthe

Loslassen

Wege zur Gelassenheit

SCM Hänssler

SCM

Stiftung Christliche Medien

1. Auflage 2011 (12. Gesamtauflage)
Dieser Titel erschien zuvor unter der ISBN 978-3-7751-3306-7.

SCM Hänssler im SCM-Verlag GmbH & Co. KG ·
71088 Holzgerlingen
Internet: www.scm-haenssler.de; E-Mail: info@scm-haenssler.de

Umschlaggestaltung: Kathrin Retter
Titelbild: shutterstock.com
Satz: AbSatz, Hamburg
Druck und Bindung: CPI – Ebner & Spiegel, Ulm
Printed in Germany
ISBN 978-3-7751-5342-3
Bestell-Nr. 395.342

Inhalt

Vorwort

Von der Wiege bis zur Bahre geht es ums Loslassen. Ist der Säugling geboren, wird er abgenabelt. Ist er abgenabelt, wird er selbstständig. Er verlässt den Schutz der Mutter, lernt laufen und geht erste Schritte allein. Jedes Lebensjahr lässt das Kind unabhängiger werden. Die Distanz zu Eltern und Haus vergrößert sich. Eigenwilligkeit und Selbstvertrauen werden stärker. Im Kindergarten und in der Schule werden neue Freundschaften geschlossen. Neue Welten und neue Räume erschließen sich dem Kind. Das Elternhaus bietet Schutz und Geborgenheit, aber die Eltern spüren: Wir haben Kinder geboren, die uns eine Zeit lang anvertraut sind, dann müssen wir sie los- und ziehen lassen.

Loslassen ist eine unausweichliche Herausforderung des Lebens. Kein Bereich unseres Lebens ist ausgeklammert. Loslassen können ist eine Kunst. Viele Barrieren machen diese Kunst zunichte. Eigenwilligkeiten bewirken das Gegenteil. Wir klammern uns an Menschen, Besitz, Ämter und irdische Güter.

Wir wollen festhalten und nicht loslassen,
wir wollen an uns reißen und nicht abgeben.
Wir sperren uns und können nicht Abschied nehmen.
Wer loslassen kann, hat menschliche Reife erlangt.
Wer Besitz, Ehre, Ämter, Kinder, Land, Partner und alles loslassen kann, führt in der Tat ein wirklich erfülltes Leben.
Loslassen können beinhaltet Gelassenheit.

Loslassen können ist Freiheit.
Loslassen können ist Lebensweisheit.
Loslassen können ist ein Gottesgeschenk.
Wer das Loslassen nicht lernt, wird die bittere Wahrheit erfahren. Und wer die Wahrheit verleugnet, wird schmerzliche Enttäuschungen auf sich nehmen müssen.
Loslassen können ist Gnade.
Wir können auf Dauer nur Kinder, Erwartungen, Ansprüche, Träume, Ideale, Ehrgeiz, Sorgen und uns selbst loslassen, wenn wir fest glauben, dass ein liebender Gott darum wirbt, dass wir zu seinen Wegen Ja sagen. Wer aus freien Stücken, ohne Bitterkeit und Resignation, diesen Gott zum wirklichen Mittelpunkt seines Lebens macht, erfährt Ruhe, Frieden und Gelassenheit.

Ein Gleichnis:

> »Ein Affe sah durch das Glas einer Flasche eine Kirsche und wollte sie stehlen. Er streckte seine Hand durch den Flaschenhals und schloss die Faust um die Kirsche, aber nun konnte er die Hand nicht mehr zurückziehen. Da tauchte der Jäger auf, der die Falle gestellt hatte. Der Affe war von der Flasche so behindert, dass er nicht davonlaufen konnte, und so wurde er gefangen. ›Wenigstens habe ich noch die Kirsche in der Hand‹, dachte er. Aber im gleichen Moment gab ihm der Jäger einen festen Klaps auf den Ellenbogen, die Hand des Affen öffnete sich und fuhr aus der Flasche. So hatte der Jäger nun die Frucht, die Flasche und den Affen.«

Der gierige Affe ist ein Beispiel für uns Menschen, die schlecht loslassen können. Wer krampfhaft am Leben festhält, der wird es verlieren. Wer nicht verzichten kann, muss leiden. Wer nicht loslassen kann, muss seine Haut zu Markte tragen.

Wer nicht loslassen kann, ist ein Gefangener seiner Triebe, seiner Wünsche, seiner Begierden, seiner Habsucht und seiner falschen Erwartungen. Von der Wiege bis zur Bahre müssen wir das Loslassen einüben. Wenn das kleine Kind nun laufen kann, will es selbstständig und unabhängig sein. Wir müssen lernen, es loszulassen.

Welche Dinge können es sein, die uns von Leid, Schmerz und Belastung befreien, wenn wir sie preisgeben. Ich denke

… an Hochmut und Egoismus,
… an selbstherrliches Denken und Verhalten,
… an das Gefühl der Unersetzlichkeit,
… an Erfolg, Karriere und Besitz,
… an schlechte Angewohnheiten,
… an Eifersucht und Neid,
… an überhöhte Erwartungen,
… an Intoleranz,
… an Rechthaberei,
… an ehrgeizige Pläne und vieles anderes mehr.

Selbst das Leben festzuhalten ist eine Unmöglichkeit. Wer es krampfhaft ausschöpfen und mit unvergesslichen Eindrücken füllen will, kommt in Hetze, Unruhe und Hektik. Der Friede ist abhanden gekommen, die Gelassenheit fehlt.

Kapitel 1

Erwartungen loslassen

Wir haben alle Erwartungen, große und kleine, realistische und unrealistische. Wir haben Erwartungen

... an den Partner,
... an die Familie,
... an die Kinder,
... an Gott.

Je höher die Erwartungen, desto tiefer die Enttäuschungen. Je hartnäckiger die Erwartungen, desto größer die Verbitterung, wenn sie sich nicht erfüllen, Erwartungen wirken wie Forderungen an die anderen. Wenn der andere nicht so handelt, wie ich es erwarte,

... dann liebt er mich nicht,
... dann bin ich ihm gleichgültig,
... dann fühle ich mich wertlos.

Erwartungen sind *Liebestöter*,
Erwartungen sind *Beziehungskiller*,
Erwartungen sind *schwerer Egoismus*,
Erwartungen sind *Selbstsucht.*

Warum ist das so?
Der Mensch mit Erwartungen macht sich selbst zum Mittelpunkt. Alles dreht sich um ihn. Die anderen werden zu

Satelliten. Und wenn sie den Mittelpunkt nicht anständig umkreisen, gibt es Vorwürfe und Proteste.

Wer Erwartungen nicht loslassen kann,

- nörgelt am anderen herum,
- macht laut und leise Vorwürfe,
- begegnet dem anderen frustriert und verbittert,
- macht zu und wird verschlossen,
- schottet sich gegen den anderen ab und der Gefühlstod der Partnerschaft tritt ein.

Liebe mit Erwartungen ist eine verunglückte Liebe.
Liebe mit Erwartungen ist ein Widerspruch in sich.
Liebe ist ein Geschenk, keine Forderung.
Liebe geschieht freiwillig, ohne Zwang.
Christus hat uns vorgemacht und vorgelebt, was Liebe ist.
»Also hat Gott die *Welt* geliebt ...« Das heißt,

- die Guten und Bösen,
- die Saubermänner und die bei den Schweinen gelandet sind,
- die Politiker und Prostituierten, um nur einige zu nennen. Diese Liebe stellt keine Bedingungen. Diese Liebe realisiert keine Erwartungen und stellt unangemessene Forderungen: »Ich liebe dich nur, wenn du dich zu mir bekehrst!«

Liebe heißt: Ich liebe dich, wie du bist,

- mit deinen *Eigenarten*,
- mit deinen *Gewohnheiten*,
- mit deinem *Gewordensein*,
- mit deinen *Schrullen*, die du heute hast und die sich später einstellen können.

Quälgeist Eifersucht

Ich habe ein hilfreiches Buch gelesen, das vom Loslassen dieser falschen Erwartungen spricht. Die Diplom-Psychologin Hanne Baar, eine Charismatikerin, beschreibt in einem ihrer Bücher mit dem Titel »Quälgeist Eifersucht«, wie sie sich Stück für Stück von falschen Erwartungen befreit hat. Am eigenen Leibe hat sie den Quälgeist Eifersucht erlebt. Eifersucht beinhaltet falsche Erwartungen. Sie beinhaltet unrealistische Ansprüche an den Partner. Sie hat einen Lobpreis-Gottesdienst besucht und erkennt im Angesicht Gottes ihre Schuld. Wörtlich schreibt sie: »Und ich sah mit besonderer Deutlichkeit, wie einen durchgängigen roten Faden dann: meinen Stolz. Meine eigene Wichtigkeit war mir immer das Wichtigste gewesen. – Ich erkannte meine Eifersucht als das, was sie war: ein Anspruch an meinen Mann, mich zu vergöttern. Ich wollte im Mittelpunkt seiner Aufmerksamkeit stehen, wie ich im Mittelpunkt der Aufmerksamkeit meiner Mutter gewesen war, bevor ich aus dieser Position entthront wurde. In dem Licht, das Gott mir an diesem Abend gab, verstand ich damals wie heute, hatte ich geradezu Anbetung gewünscht. Ich erschrak und wusste, dass Gott allein alle Ehre und Anbetung gebühren ... Gott hatte mir den ›Balken im eigenen Auge‹ gezeigt ... Bodos (ihr Ehemann) Offenheit zusammen mit meiner Bereitschaft, Ansprüche loszulassen, brachten mir eine neue Wende in unserer Beziehung.«*

* Hanne Baar: Quälgeist Eifersucht, Hymnus Verlag, Rottenburg 1994, 2. Aufl., S. 61 f.

Wer Erwartungen hat,

- ➤ will herrschen,
- ➤ will fordern,
- ➤ will klammern,
- ➤ will manipulieren,
- ➤ will im Mittelpunkt stehen.

Wer diese Erwartungen loslassen will und wer einsieht, dass sie falsch und beziehungsstörend sind, dem wird es mit Gottes Beistand gelingen, sie preiszugeben.

Die Goldene Regel

Im Neuen Testament, aber auch in den Religionen, gibt es die Goldene Regel. Im letzten Teil der Bergpredigt hat Jesus sie formuliert. Sie beinhaltet eine praktische Anleitung für ein Leben in der Liebe. Die Goldene Regel garantiert ein harmonisches Zusammenspiel der Menschen, und zwar auf allen Gebieten. Jesus fasst in einem Satz den Inhalt des menschlichen Miteinanders zusammen: »Alles nun, was ihr wollt, dass euch die Leute tun sollen, das tut ihr ihnen auch! Das ist das Gesetz und die Propheten.«*

Die Goldene Regel ist zur Volksweisheit geworden: »Was du nicht willst, das man dir tu, das füg auch keinem andern zu.«

* Matthäus 7, 12.

In Indien empfiehlt der Guru Angad: »Behandele andere, wie du selbst behandelt werden möchtest.« Und in der islamischen Tradition verpflichtet Mohammed die Gläubigen: »Allen Menschen zu tun, was du wünschst, dass man dir tue, und die Handlungen für andere zu verschmähen, die du für dich selbst verschmähst.«

Zur Zeit Jesu war die Goldene Regel eine sprichwörtliche Klugheit. Aus dem Griechischen war sie vom hellenistischen Judentum als Zusammenfassung des moralischen Pflichtenkreises übernommen worden. Verschiedene Rabbinen gebrauchen ähnliche Worte, doch gingen sie von einer negativen Fassung aus: »Was dir verhasst ist, tue keinem anderen. Das ist das ganze Gesetz. Alles andere ist nur Kommentar dazu.« Die Sätze stammen von dem berühmten Rabbi Hillel, der um 25 vor Christus lebte.

Dietrich Bonhoeffer hat die Goldene Regel auf seine Weise kommentiert: »Eine einfache Regel gibt Jesus den Jüngern, an der selbst der Einfältigste prüfen kann, ob sein Umgang mit dem Andern recht ist oder unrecht: er braucht sich nur an die Stelle des Anderen zu setzen. Im selben Augenblick verliert der Jünger jegliches Sonderrecht vor dem Anderen, er kann nicht bei sich entschuldigen, was er bei anderen anklagt.«

Die Goldene Regel macht deutlich, was wir preis- und abgeben müssen. Ich komme noch einmal auf Hanne Baar zurück, die genau mit dieser Regel Schwierigkeiten hatte. Wer selbst im Mittelpunkt stehen will, kann andere nicht mehr in den Mittelpunkt stellen. Wer wünscht, angehimmelt zu werden, kann nicht gleichzeitig den Partner anhimmeln. Zwei Menschen, die die Goldene Regel befolgen, geben falsche Erwartungen auf. Sie stellen ihre Forderungen zurück und verzichten auf Sonderrechte.

Wenn wir eingefleischte Gewohnheiten und eintrainierte Erwartungen nicht loslassen wollen, werden wir uns schwere seelische Probleme aufbürden. Der gesamte Organismus kommt unter Druck. Von Gelassenheit kann keine Rede sein.

Kapitel 2

Sorgen loslassen

Viele bewusste Christen glauben an den lebendigen Gott. Sie beten täglich, nur die Sorgen werden sie nicht los.

Der Bestseller-Autor Dale Carnegie hat vor über 40 Jahren ein Erfolgsbuch geschrieben mit dem Titel: »Sorge dich nicht – lebe!« Im Vorwort schreibt er: »Mir wurde klar: Was hier Not tat, war ein Lehrbuch zur Überwindung von Sorge und Selbstquälerei. Auch diesmal machte ich mich zunächst auf die Suche und ging in die große New Yorker Volksbibliothek in der Fifth Avenue. Dort stellte ich zu meinem Erstaunen fest, dass der Katalog nur 22 Eintragungen unter dem Stichwort ›worry‹ (Sorge) enthielt. Dafür waren unter dem Schlagwort ›Würmer‹ nicht weniger als 189 Bücher verzeichnet. Beinahe neunmal so viel Bücher über Würmer wie über die Sorgen der Menschen. Erstaunlich, nicht wahr? Da das Sich-Sorgen nun mal zu den schwersten Belastungen des Menschen gehört, sollte man doch annehmen, dass jede höhere Schule und Universität im Lande Vorlesungen über das Thema ›Hört auf, euch zu sorgen!‹ veranstalten müsse.«

Sich Sorgen machen scheint zu den Selbstverständlichkeiten des menschlichen Lebens zu gehören. Sie werden hingenommen. Jesus ist ganz anderer Ansicht. Sich Sorgen machen ist *heidnisch*, sagt er. Die falschen und übertriebenen Sorgen werden in zwei Aussagen deutlich, die ich gelesen habe. Den ersten Gedanken fand ich im Kloster Maria Laach auf einer Postkarte: »Zukunftssorgen sind Mäuse, die heute den Käse von morgen fressen.« In der Tat, Zukunftssorgen sind häufig Befürchtungen über Dinge, die noch gar nicht existieren. Das zweite Wort stammt von Martin Luther, der seinem Freund Philipp Melanchton schrieb. Melanchton war ein ängstlicher, pessimistischer und sorgenbeschwerter Mensch.

»Ich hasse von Herzen die großen Sorgen, von denen du, wie du schreibst, verzehrt wirst. Dass sie dein Herz so beherrschen, daran ist nicht die Größe der Gefahr, sondern die Größe unseres Unglaubens schuld.«

Luther trifft ins Schwarze. Große Sorgen sind Unglaube. Große Sorgen sind Kleinglaube. Wir nehmen uns wichtiger als Gottes Beistand. Unsere Befürchtungen sind größer als die Realität.

Der Sprachforscher Eugen A. Nida schreibt: »Sorge trifft das Innerste der menschlichen Persönlichkeit. Die Mossis in Westafrika sagen, dass Sorge ›ein verdorbenes Herz‹ bedeute. Ihre Nachbarn, die Bambaras, beschreiben die Sorge als ›Schwarzwerden der Augen‹. Umgekehrt macht das Glück die Augen ›weiß‹.«*

* Eugen A. Nida: Gott spricht mit vielen Sprachen, Ev. Missionsverlag, Stuttgart 1966, S. 142.

Sorgen kennzeichnen einen bestimmten Lebensstil

Es gibt Menschen, die können ihre Sorgen loslassen, sie können Kummer, Ängste, Befürchtungen und Selbstzweifel in Gottes Hände legen. Sie werden darüber ruhig und gelassen. Andere halten Sorgen fest, möchten Gott vertrauen, können aber nicht über ihren Schatten springen. Sie glauben, *mit* denken, *mit* planen und *mit* handeln zu müssen. Jesus hat Recht: Wer Sorgen nicht loslassen kann, ist ein Heide, ein Gottloser. Selbstherrlich und eigenverantwortlich nimmt er sein Leben in die Hand.

Kein Wunder, dass diese Menschen keine Gelassenheit demonstrieren. Sie sind verspannt, überarbeitet, überfordert und machen sich krank.

Der Lebensstil kennzeichnet unsere Einstellung zu Menschen, zur Arbeit, zum Leben und zu Gott. Vertrauen oder misstrauen wir, lassen wir los oder halten wir fest? Müssen wir uns über tausend Dinge den Kopf zerbrechen, müssen wir grübeln oder dürfen wir vertrauen? Was haben wir uns angewöhnt? Welche Verhaltensmuster wurden trainiert? Wer Sorgen nicht loslässt, wer seine Ängste und Kümmernisse kultiviert, wer Lebenslügen aufsitzt, macht sich als Christ das Leben schwer.

Der amerikanische Psychiater Chris Thurman hat sich in einem Buch mit diesen Lebenslügen auseinander gesetzt. In einem Kapitel beschreibt er so genannte »Verzerrungslügen«. Was sind Verzerrungslügen? Wörtlich: »Manche dieser Verzerrungen sind uns schon sehr vertraut und um jede davon gruppieren sich weitere vertraute, aber falsche Ideen. Diese Verzerrungen und Lügen, die sich aus ihnen nähren, sind folgende:

Vergrößerung	– die Lüge, aus einer Mücke einen Elefanten zu machen;
Personalisation	– die Lüge, alles persönlich zu nehmen;
Polarisation	– die Schwarz-weiß-Lüge;
selektive Abstraktion	– die Lüge, den Wald vor lauter Bäumen nicht zu sehen;
Überverallgemeinerung	– die Lüge »es ist immer das alte Lied«;
emotionales Denken	– die Lüge, »wenn ich es fühle, stimmt es auch.«*

Diese Verzerrungslügen sind eine Abwandlung der Sorge. Was hat das mit unserem Leben und mit unserem Glauben zu tun, dass wir diese verkleideten Sorgen nicht loslassen können?

Blumen und Vögel als Lehrmeister

Mit Menschen, die eine Sorgenfabrik unterhalten, geht Jesus hart ins Gericht. »Niemand kann zwei Herren dienen: entweder … er wird an dem einen hängen und den anderen verachten. Darum sage ich euch: Sorgt nicht um

* Chris Thurman: Lügen, die wir glauben, Schulte u. Gerth, Asslar 1991, S. 111 f.

euer Leben, was ihr essen und trinken werdet; auch nicht um euren Leib, was ihr anziehen werdet. Seht die Vögel unter dem Himmel an; sie säen nicht, sie ernten nicht, sie sammeln nicht in die Scheunen; und euer himmlischer Vater ernährt sie doch. Schaut die Lilien auf dem Feld an, wie sie wachsen; sie arbeiten nicht, auch spinnen sie nicht. Ich sage euch, dass auch Salomo in all seiner Herrlichkeit nicht gekleidet gewesen ist wie eine von ihnen. Wenn nun Gott das Gras auf dem Feld so kleidet, das doch heute steht und morgen in den Ofen geworfen wird: sollte er das nicht viel mehr für euch tun, ihr Kleingläubigen?«*

Der dänische Philosoph und Theologe Sören Kierkegaard hat im vorigen Jahrhundert drei »Geistliche Reden« verfasst, die sich mit den Blumen und Vögeln unter dem Himmel beschäftigen. Meisterhaft und in dichterischer Sprache hat er uns Christen ein Bild vor Augen gemalt, wie wir mit Sorgen umgehen sollen. Blumen und Vögel sollen unsere Lehrmeister sein. Sie sind »Lehrmeister der Freude«, schrieb der Philosoph. Wörtlich rät er uns: »›Werft *alle* eure Sorge *auf Gott*!‹ Sieh, das tun die Lilie und der Vogel unbedingt. Mit Hilfe des unbedingten Gehorsams werfen sie – ja, wie die stärkste Wurfmaschine etwas von sich wirft, was man am meisten verabscheut – *alle* ihre Sorge von sich; und werfen sie – mit einer Sicherheit gleich der, mit welcher die sicherste Schusswaffe trifft, und mit einem Glauben und Vertrauen gleich dem, mit welchem nur der geübteste Schütze trifft – *auf Gott* … Und wirft man sie

* Matthäus 6, 14-32 f.

nicht unbedingt auf Gott, sondern anderswohin, so wird man sie nicht unbedingt los; dann kommt sie auf die eine oder andere Weise wieder, sehr oft in Gestalt größerer und bitterer Sorge. Denn meine Sorge von sich werfen – aber nicht auf Gott, das ist ›*Zerstreuung*‹. Aber Zerstreuung ist ein zweifelhaftes und zweideutiges Mittel gegen Sorge. Alle seine Sorge auf Gott werfen, das ist ›Sammlung‹, und doch (ja wunderbar ist dieses Kunstwerk des Widerspruchs!) eine *Sammlung*, durch die du alle Sorge unbedingt *loswirst.*«

Kierkegaard berührt ein ernstes menschliches Problem: Wer Sorgen in der Zerstreuung loswerden will, hat sie überspielt, hat sie sich für kurze Zeit aus dem Kopf geschlagen. Er hat sie aber nicht losgelassen.

* Sören Kierkegaard: Christliche Reden, Vandenhoeck & Ruprecht, Göttingen 1955, S. 41 f.

Kapitel 3

Kinder loslassen

Unsere Kinder ziehen lassen, eigene Wege und eigene Erfahrungen machen lassen, ist für uns Eltern eine wichtige Lebensaufgabe. Die Abnabelung von den Eltern ist gottgewollt. Die Familie löst sich auf, die Ehe soll bleiben, bis der Tod uns scheidet. Die Familie spiegelt ein zeitliches Zusammenleben wider. Werden die Kinder erwachsen, verlassen sie – in der Regel – das Elternhaus.

Die Abnabelung – ein wesentlicher Entwicklungsschritt

Familien sind lebensnotwendig. Für die Entwicklung gesunder Kinder sind sie unverzichtbar. Gesunde Familien sind für die Zukunft unserer Gesellschaft *das* Fundament. Das klingt bombastisch, ist aber Realität. Gesunde Familien sind die Voraussetzung für unsere Kinder, dass sie eines Tages als Erwachsene

- partnerschaftsfähig,
- beziehungsfähig,
- konfliktfähig und
- liebesfähig werden.

Diese Beziehungsfähigkeit setzt voraus, dass Eltern ihre Kinder zur Selbstständigkeit und Unabhängigkeit anleiten. Sie setzt auch voraus, dass die Ehe in Ordnung ist. Die amerikanische Familientherapeutin Virginia Satir hat den klugen Satz formuliert: »Die Ehe ist die Achse, um die sich alle Familienbeziehungen drehen. Ist die Achse nicht in Ordnung, sind automatisch alle Familienbeziehungen gestört.« Alle baden die leidvollen Ehebeziehungen aus. Eine gute Ehe spiegelt eine zufriedenstellende Familienatmosphäre wider. Die Erfahrung bestätigt unzweifelhaft: Zuerst kommt die Ehe, dann kommen die Kinder. Das hat nichts mit Lieblosigkeit gegen die Kinder zu tun. Die Ehe ist unauflöslich, das ist Gottes Wille. Die Ablösung aus dem Elternhaus dagegen ist natürlich.

Was kann geschehen, wenn die eheliche Achse nicht tragfähig ist, wenn die Ehe nicht den ersten Platz einnimmt?

1. Ein Ehepartner verbündet sich mit den Kindern.
Die Familie ist gespalten. Untergruppen entstehen. Bündnisse werden *gegen* einen Dritten geschlossen. Er wird isoliert und an den Rand gedrängt. In zerrütteten Ehen, die vor der Scheidung stehen oder mit Scheidung spielen, werden die Kinder zum Kampfobjekt. Jeder versucht, sie auf seine Seite zu ziehen. Nicht selten gelingt es der Ehefrau, die Kinder für sich zu gewinnen. Sie hat im Laufe der Zeit den längeren und intensiveren Kontakt mit den Kindern gehabt. Solche Parteibildungen sind Gift für ein harmonisches Familienleben. Die Abnabelung ist gestört.

2. Der Mann macht Karriere, die Frau steht abseits.

Viele Männer haben in erster Linie ihre Karriere im Auge. Sie lassen sich zu Hause verwöhnen und versorgen, leben aber je länger desto mehr an der Partnerin vorbei. Die Eheleute entfremden sich unaufhörlich, und die Kinder werden über Gebühr von der Mutter angezogen. Die Folge ist, dass die Kinder immer unselbstständiger, abhängiger und verwöhnter werden. Die Kinder werden zum *Partnerersatz.* Aus Angst, die Mutter zu verlieren oder aus Angst, der Mutter wehzutun, verhalten sich solche Kinder abhängig. Sie lassen sich klammern, machen sich hilflos und unmündig und spielen der Mutter eine überhöhte Verantwortung zu. Eines Tages brechen sie aus, weil sie die Bevormundung leid sind. Sie erkennen, dass sie entmündigt wurden. Aber,

- sie haben *mitgespielt,*
- sie haben *still gehalten,*
- sie haben sich *verwöhnen lassen,*
- sie haben die *Verantwortung abgeschoben.*

Der Mutter die Hauptschuld anzulasten ist falsch. Alle Familienmitglieder müssen ihren Anteil anerkennen, der zu Beziehungsstörungen geführt hat.

3. Der Mann fühlt sich als 4. oder 5. Rad am Wagen.

Wenn die Harmonie der Ehe in Frage gestellt ist, gehen Mann und Frau eigene Wege. Die Frau verlagert ihren Schwerpunkt auf die Kinder, der Mann sucht draußen seine Anerkennung und Bestätigung. Es ist in der Regel falsch, einem der Partner die Hauptschuld zuzuweisen. *Beide* Eheleute spielen perfekt zusammen. *Beide* praktizieren Distanz. *Beide* unterlassen es, Dissonanzen auszu-

räumen. Der Mann lässt seine falsche Lebensplanung und die Frau lässt ihre Kinder nicht los.
Und die Folgen mangelnder Abnabelung?

Folge 1:
Die erwachsenen Kinder kommen von einer Abhängigkeit in die andere.
Kinder, die geklammert wurden und sich haben klammern lassen, sind unselbstständig. Viele fliehen aus der Überbeschützung des Elternhauses in neue Abhängigkeiten. Ehen, die vorschnell geschlossen werden, beinhalten häufig einen Ausbruch aus der Unfreiheit in neue Unfreiheiten. Der Familienflüchtling wiederholt die gleichen Muster, die er zu Hause erlebt hat. Er fesselt seinen Partner, legt ihn an die Leine oder lässt sich selbst klammern.

Folge 2:
Klammernde Mütter stören das Eheglück
Wenn Mütter nicht loslassen können, brechen sie in die Partnerschaft ihrer Kinder ein. Sie machen sich unersetzlich, wollen gebraucht werden und belasten das junge Glück. Die Mutter wird zum Klotz am Bein. Die Ehe zu dritt ruft Spannungen und Reibungen hervor.
Eheleute, die am Glück ihrer Ehe arbeiten, können leichter ihre Kinder loslassen. Und Kinder, die ohne Schuldgefühle und ein schlechtes Gewissen Freundschaften und Partnerschaften eingehen, leben innerlich befreiter und losgelöster vom Elternhaus. Beide Seiten erleben Gelassenheit.

Kapitel 4

Ehrgeiz loslassen

Ehrgeiz wird in Leistungsgesellschaften, und dazu gehören wir, groß geschrieben. Viele Menschen sind der Meinung:

- ohne Ehrgeiz keine Leistungen,
- ohne Ehrgeiz kein Erfolg,
- ohne Ehrgeiz keine Siegesprämien,
- ohne Ehrgeiz kein Fortschritt.

Viele sehen im Ehrgeiz einen unbezahlbaren Antrieb. Ein Kind ohne Ehrgeiz ist bemitleidenswert. Es leistet nichts Herausragendes. Nur Ehrgeiz bringt den Menschen an die Spitze.

Was macht den Ehrgeiz fragwürdig?

Wo wird der Ehrgeiz gefährlich? Wo gewinnt er eine ungeistliche Komponente? Ehrgeiz erwächst häufig aus Minderwertigkeitsgefühlen. Je größer die Selbstzerstörungen, desto ausgeprägter der Ehrgeiz. Der Mensch will nicht klein, hilflos, schwach, unattraktiv und unbedeutend sein. Er will dazugehören. Er will eine Rolle spielen. Er will mitreden, mitgestalten, konkurrieren. Je unbedeutender er sich *fühlt*, desto ausufernder sein Ehrgeiz. Der Mensch will überlegen sein, er muss besser, tüchtiger, moralischer und erfolgreicher sein. Aber er zahlt dafür einen hohen Preis.

Nicht umsonst sind unsere Nervenkliniken, unsere Gefängnisse und unsere psychosomatischen Kliniken voll von Menschen, die *glauben*, keinen Wert in der menschlichen Gesellschaft zu besitzen. Sie

- *müssen* powern,
- *müssen* sich überfordern,
- *müssen* konkurrieren,
- *müssen* das Letzte aus sich herausholen.

Wer sagt ihnen, dass sie das *müssen*? Gott sagt es ihnen nicht. Die Liebe zum Nächsten sagt es ihnen nicht.

Was ist falscher Ehrgeiz?

Falscher Ehrgeiz beinhaltet zu hohe Erwartungen, die ständig mit großen Enttäuschungen verbunden sind.
Falscher Ehrgeiz verhindert, dass wir richtig genießen und entspannen können.
Falscher Ehrgeiz ist durch starke Minderwertigkeitsgefühle und mangelnde Selbstachtung gekennzeichnet.
Falscher Ehrgeiz beinhaltet ein Entweder-oder-Denken. Entweder man ist absolut erfolgreich, oder aber man beurteilt sich als Versager.
Falscher Ehrgeiz ist immer auf der Suche nach Anerkennung. Das Lob anderer wird verkleinert, der eigene Fehler wird dramatisiert.
Falscher Ehrgeiz ist von einem selbstzerstörerischen Denken begleitet. Es kann Verspannungen, Bluthochdruck,

Appetitlosigkeit und psychosomatische Beschwerden hervorrufen.
Falscher Ehrgeiz führt häufig zu Schul-, Studium- und Ausbildungsabbruch. Entweder man gehört zu den Besten, oder aber man gibt auf.
Falscher Ehrgeiz verwendet viel Zeit für unwesentliche Dinge. Leben, Freundschaft, Beziehungen und Wohlbefinden werden stark vernachlässigt.
Falscher Ehrgeiz gibt sich niemals mit dem »Durchschnitt« zufrieden. Das Streben ist grenzenlos. Der eigene Wert hängt fortwährend in der Luft.
Falscher Ehrgeiz ist Sünde. Paulus formuliert: »Lasst uns nicht nach eitler Ehre trachten, einander nicht herausfordern und beneiden.«*

Der Ehrgeizige vergleicht sich und wird von einem neurotischen Konkurrenzbedürfnis beherrscht. Der Vergleich raubt dem Betroffenen seine Gelassenheit und Ruhe. Er fühlt sich getrieben und pausenlos angestachelt. Darum kann er das Leben nicht genießen. Seine Gedanken sind mit Erfolg und Sicherheit beschäftigt. Nicht die Freude an der Arbeit ist entscheidend, sondern das *Ergebnis*. Der Ehrgeizige will einzigartig und ungewöhnlich sein. Jedes Mittelmaß ist ihm verhasst. Nur der Superlativ schwebt ihm vor Augen.

* Galater 5, 26.

Der entmutigte Ehrgeizige

Ehrgeizige Menschen, die hohe Ziele anstreben und hohe Erwartungen an sich und das Leben haben, resignieren, wenn sie nicht überall mit leichter Hand Erfolg verbuchen können. Sie wollen über andere Menschen hinauswachsen. Mit Durchschnittsleistungen geben sie sich nicht zufrieden und geben auf, wenn ihre hochfliegenden Pläne nicht gelingen. Die Pädagogik spricht vom »entmutigten Ehrgeizigen«.
Er flieht in die *Bequemlichkeit*,
erlebt seine Hochziele in der *Fantasie*,
er steigt aus, weil die *Riesenerwartungen* unerfüllbar sind.

Wie wird ein entmutigter Ehrgeiziger erzogen?
Ein Hauptfehler besteht darin, dass die Erziehung den größten Wert darauf legt, Fehler zu vermeiden und Fehler zu korrigieren. Die Angst vor Fehlern drückt Unsicherheit aus, sie beflügelt den Ehrgeiz und das Vollkommenheitsstreben. Die Angst vor Fehlern verstärkt die Angst, Ansehen und Bestätigung in der Umgebung zu verlieren. Versagen und Resignation sind dann die Folgen des Riesenanspruchs, perfekt, großartig, fehlerlos und vollkommen zu sein. Die Erwartungen der Erwachsenen, die laut oder leise, verbal oder nonverbal ausgedrückt werden, fördern im Kind ein unbändiges Ehrgeizstreben. Das Kind will geliebt sein und ankommen und produziert einen übersteigerten Ehrgeiz. Kinder und Erwachsene versagen und werden zu »entmutigten Ehrgeizigen«, weil die ausserordentlichen Leistungen, die sie bringen möchten, unerfüllbar sind. Je himmelstürmender der Ehrgeiz, desto

tiefer die Enttäuschungen, wenn die Erfolge hinter den Erwartungen zurückbleiben.

Was müssen Eltern und Erzieher loslassen?

Erstens, dass ihre Kinder Überdurchschnittliches leisten sollen.

Riesenerwartungen können Überehrgeiz motivieren. Sie können leider auch das Gegenteil bewirken. Entmutigte Ehrgeizige sind Kinder und Erwachsene, die das Handtuch werfen. Sie halten sich für Versager, weil in ihren Augen nur Überdurchschnittliches zählt. An diesen Maßstäben sind sie gescheitert.

Viele dieser Kinder und Erwachsenen fliehen in die Fantasiewelt. Sie praktizieren einen konsequenten Rückzug. Sie schwelgen in Tagträumen, und in dieser märchenhaften Fantasiewelt sind Traum und Wirklichkeit nicht mehr zu trennen. In dieser bunten Traumwelt ist alles machbar, alles schöner und unkomplizierter als im Leben. Alle sozialen Bezüge werden vernachlässigt. Die Gemeinschaft mit Freunden wird aufgekündigt. Isolation und Einsamkeit sind die Folgen.

Zweitens, dass sie ihre Kinder mit anderen vergleichen. »Sich vergleichen gibt Ärger.« Ein wahres Sprichwort. Eltern, die ihre Kinder mit Tüchtigeren, Ehrgeizigeren und Fleißigeren vergleichen, entwerten und entmutigen ihr Kind. Ungewollt senden sie die Botschaft: »Du wirst nur geliebt, wenn du ehrgeiziger, fleißiger und tüchtiger wirst.« Dieses Konkurrenzdenken fördert ein krankhaftes Sich-Vergleichen im Kind. Der Vergleich raubt dem Betroffenen seine Gelassenheit und Ruhe. Er fühlt sich getrieben und pausenlos angestachelt, darum kann er nichts im Leben genießen. Seine Gedanken sind mit Erfolg und Sicherheit beschäftigt. Nicht die Freude an der Tüchtigkeit ist entscheidend, sondern das *Ergebnis.* Im Hintergrund schwebt ständig eine Grundangst, in der feindlichen Welt isoliert und einsam zu sein.

Drittens, dass ihre Kinder ichbezogen denken.
Ehrgeiz ist Ichbezogenheit. Er ist die Triebfeder zur Einzigartigkeit, und die ist wiederum die Triebfeder zur Überwertigkeit. Deshalb neigt der Ehrgeizige zur Selbstüberschätzung. Ichbezogenheit ist das Gegenstück zur Nächstenliebe. Ichbezogenheit ist Eitelkeit und in höchstem Maße gemeinschaftsfeindlich. Je ichbezogener ein Mensch denkt, desto unsachlicher und geltungssüchtiger ist er. Wer also sein Tun und Denken in den Dienst der Eitelkeit und des Geltungsstrebens stellt, ist ichhaft und negiert die Nächstenliebe. Ichhaftigkeit im Gewand des übertriebenen Ehrgeizes ist Sünde. Der Mitmensch ist Konkurrent, Gegner und Rivale. Er muss überholt und nicht geliebt werden. In unserer Leistungs- und Konkurrenzgesellschaft fällt es vielen Eltern schwer, diese Einstellungsmuster loszulassen.

Kapitel 5

Loslassen und vergeben

»Liebende leben von der Vergebung!« Das war der Titel eines Buches von dem Dichter und Prediger Manfred Hausmann. »Wer nicht vergeben kann, darf nicht heiraten«, konnte er schreiben. Wie Recht er hat.

Wer nicht vergeben kann, ist nicht *freundschaftsfähig*,
wer nicht vergeben kann, ist nicht *partnerschaftsfähig*,
wer nicht vergeben kann, ist nicht *konfliktfähig*,
wer nicht vergeben kann, ist nicht *liebesfähig*.
In allen menschlichen Beziehungen gibt es Missverständnisse, Reibungen, Auseinandersetzungen, Kampf und Streit.

Wer Recht behalten will, kann nicht loslassen,
wer Schuld auf andere lädt, kann nicht loslassen,
wer Streit entfacht, kann nicht loslassen,
und wer nicht vergeben kann, kann nicht loslassen.

Können wir den Verletzer loslassen?

Die amerikanische Professorin Beverly Flanigan hat sich in einem Buch mit dem Thema Vergebung auseinander gesetzt. Schon in der Einleitung formuliert sie: »Das Verzeihen ist die Methode, mit der in engen Beziehungen einer den anderen ›loslassen‹ kann und ihm verschiedene rücksichtslose und lieblose Handlungen vergibt.«*

Wer vergibt, lässt den Verletzer los,
wer vergibt, lädt sich nicht selbst Bosheit auf,
wer vergibt, befreit sich von Rachegedanken,
wer vergibt, setzt nicht das Böse fort und beeinflusst nicht das Wohlgefühl des anderen.

Wer nicht vergeben kann, fesselt sich an den Verletzer. Beide leben in Spannung. Beide bekämpfen sich. Beide ziehen andere Menschen auf ihre Seite und verschlimmern den Konflikt. Es entstehen kein Friede, keine Ruhe und keine Gelassenheit. Der Krieg ist nicht beendet. Hass, verhärtete Herzen und weitere Wunden werden geschlagen. Unglücklich sind beide Parteien.

Die amerikanische Autorin unterstreicht noch einmal die Selbstschädigung des Opfers, das nicht vergeben kann. »Eine unverzeihliche Verletzung, die sich eingenistet hat und gewuchert ist, gleicht einem Wurm, der in einen Apfel kriecht. Sie kann ihren Kern in Besitz nehmen und ihr Herz für immer zerstören. Unverzeihliche Verletzungen zerstören Träume und greifen Glaubenssätze an. Lassen Sie zu, dass sie auch Ihren Kern zerstören, dann hat jemand nicht nur Ihre Träume, sondern Sie selbst zerstört. Das ist immer ein hoher Preis. Ein gebrochenes Herz ist

* Beverly Flanigan: Nicht vergessen und doch vertrauen, Rowohlt Verlag, Reinbek b. Hamburg, 1994, S. 9.

eine Sache, ein vergiftetes ist etwas anderes. Gebrochene Herzen heilen wieder. Vergiftete Herzen schrumpfen und sterben. Wenn ein Wurm Ihr Herz vergiftet, sehen Sie zu, dass er entfernt wird. Wenn das Nichtverzeihen Ihr Herz vergiftet, dann entscheiden Sie sich zum Gegenzug. Was bedeutet die Entscheidung für das Verzeihen wirklich? Sie bedeutet, dass Sie nicht länger davon ausgehen, dass Ihr Verletzer Ihnen irgendetwas schuldet. Sie bedeutet, dass Sie den Verletzer loslassen und nicht mehr zurückblicken. Sie suchen nicht mehr nach dem Grund. Sie beschäftigen sich nun damit, was Sie tun und wer Sie in Zukunft sein wollen.«*

Vergebung macht froh

Beverly Flanigan hat die zentralen Punkte aufgegriffen. Wer nicht vergeben kann, zerstört sein Herz, das Zentrum unserer Persönlichkeit. Der Wurm der Bitterkeit vergiftet den inwendigen Menschen. Und diese Bitterkeit tötet Freude, Wohlbefinden und Gelassenheit. Der Mensch, der nicht vergeben kann, ist mit Rachegedanken, mit Bosheit und mit destruktiven Plänen beschäftigt. Seine Energien verlagern sich in negative Kanäle. Während der Mensch, der Vergebung praktiziert, den Verletzer loslässt, seine boshaften Blicke abzieht und für konstruktive Erfahrungen frei ist. Er hat die Fesseln abgestreift und kann seinen Blick nach vorn richten. Ein neues Leben kann beginnen.

* A.a.O., S. 154.

Der bekannte amerikanische Seelsorger Jay E. A. Adams schloss sein Buch über das Einmaleins der Vergebung mit dem Gedanken, dass Vergebung Freude beinhaltet. Bei ihm liest sich das so: »Es gibt ein Gefühl, das in jedem Fall mit der Vergebung verbunden ist, und das ist Freude. Freude sollte stets die Reaktion auf die Vergebung von Schuld sein. Der Weg dahin mag keineswegs alltäglich und vielleicht sogar tränenreich sein; aber am Ende sollte immer Freude stehen. Wenn es keine Freude über die Versöhnung gibt, dann fehlt etwas.«[*]

[*] Jay E. Adams: 70 x 7, Das Einmaleins der Vergebung, Brunnen Verlag, Gießen 1992, S. 156.

Kapitel 6

Falsche Ziele loslassen

Jeder Mensch verfolgt Ziele, auch wenn sie ihm nicht bewusst sind.

Wer sich treiben lässt, verfolgt ein Ziel;
wer keine Entscheidungen trifft, verfolgt unbewusst ein Ziel;
wer gar nichts unternimmt, verfolgt auch ein Ziel.
Es gibt ehrgeizige Ziele, die Menschen mit aller Kraft anstreben. Und es gibt Ziele, die plan- und gedankenlos praktiziert werden. Die einen werden bewusst und energisch in Angriff genommen, die anderen werden erduldet, erlitten und hingenommen. Jedenfalls sieht es so aus. Wer sagt »Ich tue ja gar nichts«, geht einem unbestimmten Ziel passiv und tatenlos entgegen. Wer sich mitreißen und mitziehen lässt, hat sich für diesen Lebensstil entschieden. Der Mensch ist ein Entscheidung treffendes Wesen. Niemand kann sich herausreden.

Was sind falsche Ziele?

Die überehrgeizigen Ziele und ihre Folgen wurden schon besprochen. Aus der Fülle falscher Ziele greife ich einige heraus. Die Reihenfolge ist unbeabsichtigt.

Fehlziel Nr. 1: Ich möchte es allen Menschen recht machen.
Ein hohes und fragwürdiges Ziel. Wie sagte der amerikanische Therapeut Albert Ellis: »Wer allen Menschen gefallen will, sitzt zwischen allen Stühlen.« Der Gefalltyp ist standpunktlos. Er redet den Menschen nach dem Munde. Er hat kein Profil und ist nicht vertrauenswürdig. Kritiklos schwenkt er sein Fähnchen nach dem Wind. Seinen Platz in der Welt hält er für gefährdet. Die Umgebung ist unzufrieden, weil er es jedem recht machen will.

Fehlziel Nr. 2: Ich gehe Problemen aus dem Wege und ecke nicht an.
Viele Menschen glauben, dass sie mit schwierigen Situationen am besten fertig werden, wenn sie ihnen aus dem Weg gehen. Sie schieben sie beiseite, vor sich her oder auf die »lange Bank«. Sie verhalten sich wie kleine Kinder, die ein Taschentuch vors Gesicht halten und rufen: »Such mich mal!« Die Täuschung ist perfekt. Probleme werden verleugnet, aber nicht gelöst. Schwierigkeiten werden übersehen, aber nicht gemeistert. Die Realität löst sich in Luft auf.

Fehlziel Nr. 3: Ich gebe den anderen die Schuld.
Seit Adam und Eva ist dieses Verschiebespiel unter Menschen aktuell. Wir suchen Ausreden, Rechtfertigungen und Alibis. Wir klagen unsere weiße Weste ein. Wir haben es sehr gut gelernt, uns vor der Verantwortung zu drücken und den anderen, den Eltern und Großeltern, Lehrern und Vorgesetzten, den Umständen und selbst Gott die Schuld in die Schuhe zu schieben.

Fehlziel Nr. 4: Ich mache aus Steinchen Felsbrocken.
Nicht wenig Menschen verstehen es, aus Mücken Elefanten zu machen. Sie dramatisieren und malen ständig den Teufel an die Wand. Ihre Befürchtungen halten sie in Atem. Ihre Unterstellungen lähmen ihre Aktivität. Ihre Ängste machen sie krank. Sie verzerren die Realität und belasten sich mit Grübeleien. Viele sind mit den Nerven fertig. Negativer Stress macht sie arbeits- und liebesunfähig.

Fehlziel Nr. 5: Ich muss mir Gottes Liebe verdienen.
Selbst bewusste Christen halten das Goethe-Wort für eine biblische Offenbarung: »Wer immer strebend sich bemüht, den können wir erlösen.« Goethe hat exakt die Einstellung vieler Christen auf den Punkt gebracht. Sie glauben, sich durch harte Arbeit, durch pausenlosen Einsatz, durch Opferbereitschaft und durch Dienst rund um die Uhr, die Ewigkeit zu verdienen. Die Tragik ist: Alle wissen es mit dem Kopf, dass diese Lebens- und Glaubenseinstellung falsch ist. Und doch wird sie im Alltag praktiziert.

Was hindert uns, Fehlziele loszulassen?

Fehlziele haben etwas mit unserem Lebensstil zu tun, also mit unseren Grundüberzeugungen, mit Lebens- und Glaubensvorstellungen. Der Lebensstil verkörpert unser Denken, Fühlen und Handeln. Diese Gewohnheiten, Lebensgrundsätze und Einsichten haben unser Leben programmiert. Wir können sie ändern, das ist menschlich und biblisch unbestritten. Aber sie führen ein zähes Leben. Wir haben sie in vielen Jahren *trainiert*. Die Erfahrungen, die wir mit ihnen gemacht haben, bestimmen uns vom

Scheitel bis zur Sohle. Ihre Logik haben wir uns einverleibt. Unsere Lebensziele werden von ihnen gelenkt. Irrationale Überzeugungen sind hineingewoben. Unrealistische Vorstellungen sind in ihnen beheimatet.

Der Christ muss schon eine wirkliche Saulus-Revolution erleben, um diese programmierten Überzeugungen ändern zu wollen. Wer die Ewigkeit ansteuert, wer die Zukunft unseres Christseins ernst nimmt und an die Erlösung durch Jesus Christus glaubt, *kann* alle Fehlziele ändern, *kann* im Heiligen Geist eine Lebensstil-Korrektur vornehmen. Wer sich allerdings von diesen irrigen Zielen nicht trennen kann, wer sich in diesem Leben Vorteile und Anerkennung davon verspricht, der hält krampfhaft an diesen Lebenslügen fest. Sie gaukeln uns Bestätigung und Ehre vor. Sie blockieren unser ewiges Ziel. Nur der Glaube an Christus kann uns ermutigen, Fehlziele und Lebenslügen loszulassen.

Kapitel 7

Stress und Hektik loslassen

Stress und Hektik sind lebensbedrohende und krank machende Faktoren. Negativer Stress bedeutet *Über*anstrengung, *Über*belastung, *Über*forderung und *Über*treibung. Das »Über« verrät das Krankhafte. Es stört, verzerrt, bedroht, macht krank und tötet. Negativer Stress ist zum Krankheitsfaktor erster Ordnung geworden. Wir sprechen bereits von:

- Lärmstress und Verkehrsstress,
- Schulstress und Berufsstress,
- Wettbewerbsstress und Altersstress,
- Ehestress und Leistungsstress,
- optischem Stress und akustischem Stress,
- von Konfliktstress und Ehrgeizstress.

Der von Gott in den Menschen hineinprogrammierte lebensfördernde Stressmechanismus ist in unserer hochtechnisierten Welt völlig überfordert. Das Schutzsystem befindet sich bei vielen Menschen in ständiger Alarmbereitschaft und muss ein pausenloses Trommelfeuer von Umweltreizen und Reizen aus dem Innern über sich ergehen lassen. Der Erfolg ist eine Überbelastung des lebensnotwendigen Systems. Biologische Funktionen des Menschen versagen, die Spannung wird unerträglich. Krankheiten und Zusammenbrüche stellen sich ein. Der vom Schöpfer sinnvoll eingebaute biologische Schutz- und Verteidigungsmechanismus wird zum Instrument der Selbstzerstörung des menschlichen Organismus.

Wie lauten problematische Ziele von Stress und Hektik?

Was macht den Menschen stressblind? Was treibt ihn in die Hektik? Welche Lebensüberzeugungen bewirken Überanstrengung und Überbelastung? Und welche Einsichten und Strategien sind notwendig, um die Überforderung zu bremsen?

Wer Anerkennung, Bestätigung, Karriere, Besitz und Konkurrenzdenken zu Ersatzgöttern seines Lebens macht, wer in dieser Welt eine gewichtige Rolle spielen will, der kultiviert negativen Stress, Ungeduld und Hektik. Seine Leistungsansprüche, sein übertriebener Ehrgeiz und seine falschen Denkmuster überfordern ihn. Nicht die Firma, der Chef, die Umstände und Strukturen sind in erster Linie für körperliche und seelische Strapazen verantwortlich, sondern die Lebensstil-Leitideen:

- Ich muss das Letzte aus mir herausholen, um in dieser Welt angesehen zu sein;
- ich will zu den Gewinnern und nicht zu den Verlierern im menschlichen Leben gehören;
- ich lebe von Anerkennung, Bestätigung und Erfolg;
- ich will etwas vorzuweisen haben, vor mir selbst, vor den anderen und vor Gott.

Wer auf diese Lebensstilmuster fixiert ist, wer sich an diese inneren Überzeugungen gekettet hat,

- kann nicht abgeben,
- kann Hektik und Stress nicht abschütteln,
- kann die belastenden K.o.-Stressoren nicht loslassen.

Wer kann loslassen?

Wer kann sich aus der Selbstfesselung befreien? Wer kann die unseligen Denk- und Verhaltensmuster abstreifen? Wer möchte zur Gelassenheit vordringen? Wer möchte von Zeitdruck und Hektik erlöst werden?

Hilfe Nr. 1: Einsicht in Stressblindheit ist notwendig.
Stressblindheit ist ein teuflisches Verdunklungsmanöver. Der Mensch glaubt an seine verdrehten Überzeugungen. »Einsicht ist der erste Weg zur Besserung«, sagt ein Sprichwort. Ohne Einsicht keine Veränderung und Kurskorrektur. Stressblinde, das Wort sagt es schon, sind blind und uneinsichtig. Ihr Wertesystem steht dem biblischen Wertesystem völlig entgegen. Wer auf die Stimme des lebendigen Gottes hört, kann zur Einsicht kommen. Wird *er* zum Mittelpunkt unseres Lebens, verlieren unsere Ambitionen und Ansprüche an Bedeutung. Der alttestamentarische König David hat es gewagt, seine Pläne und unerkannten Motive vor Gott auszubreiten.

»Herr, du erforschest mich und kennest mich. Ich sitze oder stehe auf, so weißt du es; du verstehst meine Gedanken von ferne. Ich gehe oder liege, so bist du um mich und siehst alle meine Wege.«*

Wollen wir diese Schritte vor *ihm* verantworten oder *selbst* verantwortlich unsere Wege gehen? Einsicht ist der erste Schritt.

Hilfe Nr. 2: Verändern Sie Ihre Ziele, nicht die Verhaltensmuster!
Ihre Praktiken sind das Ergebnis Ihres Denkens und Planens. Übertriebene Leistungsansprüche, negativer Stress und Hektik sind *Folgen* falscher Überzeugungen. Versuchen Sie Ihre Lebensstrategien zu verändern, stehen Sie in Gefahr, auf geschickte Weise Ihre ungeistlichen Ziele weiterhin zu verfolgen. Sie betreiben Symptomkosmetik, eine Gesinnungsänderung findet nicht statt.

Machen wir uns klar:

- Verhaltensmuster des Menschen sind *Werkzeuge* seiner Vorstellungen;
- Verhaltensmuster des Menschen sind *Hilfsmittel* seiner Überzeugungen;
- Verhaltensmuster des Menschen sind *Spiegelbilder* seiner Welt- und Glaubenseinstellung.

Die Korrektur des Lebensstils beinhaltet daher auch eine Korrektur des Glaubens an Christus. Wer falsch denkt, handelt falsch. Der amerikanische Seelsorger Lawrence J. Crabb formuliert es so: »Veränderung im Sinne Jesu Christi erfordert mehr als nur die Korrektur unseres

* Psalm 139, 1–3.

sichtbaren Verhaltens. Es genügt ihm nicht, wenn wir nur die Straße kehren. Wir sollten heruntersteigen in die Kanalisation und uns um den Unrat unter dem Straßenpflaster kümmern. Er schickt uns in die dunkelsten Winkel unserer Seele, um das Licht zu finden, um dann auch seine Gegenwart zu erleben. Veränderung im biblischen Sinn erwartet von uns keine Beschönigung der Tatsachen. Christus möchte, dass wir der Realität ins Auge sehen und damit auch unseren Ängsten, unserem Schmerz und Groll und den eigennützigen Schutzmechanismen, die wir mit viel Mühe vor den anderen verbergen.«*

Hilfe Nr. 3: Askese entstresst

Ein kaum zu unterschätzender Entstresser ist die Askese. Der Mensch, der jahrelang gehört hat, dass Genuss, Selbstentfaltung, Leben ohne Frustration und Regression zum Heil und Segen und zum persönlichen Glück verhelfen, wird vermutlich äußerlich abwinken, wenn ihm das Wort Askese begegnet. Im vorchristlichen griechischen Wortgebrauch ist der Asket einer, der sich in etwas übt, der sich auf einen Wettkampf vorbereitet und durch Askesis auf alle möglichen Dinge verzichtet, die seine kämpferische Verfassung mindern könnten. Askese in diesem Verständnis ist heilsamer Stress, der die Widerstandskräfte des Körpers stärkt, der immun macht gegenüber Reizungen, Überforderung des Leibes und der Seele. In der Askese lernen wir, nein zu sagen, wenn Termine, Dispositionen und Telefonanrufe erdrücken wollen. Insgesamt beinhaltet Askese:

* Lawrence J. Crabb: Von innen nach außen, Brunnen Verlag, Gießen/Basel 1989, S. 27.

- die Fähigkeit zum geübten und trainierten Verzicht;
- eine Form der Disziplin zur geistigen und willentlichen Selbstkontrolle;
- den Mut auszuwählen, statt wahllos zu konsumieren;
- den Mut auf Karriere, Prestige und Ansehen zu verzichten;
- den Mut, zum Durchbrechen einer chronischen Gedankenlosigkeit, die ein Sich-treiben-lassen und ein Sich-berieseln-lassen bedeuten;
- die Kraft, Wesentliches und Unwesentliches zu unterscheiden;
- die Einsicht, Ruhe und Stille der Geschäftigkeit und Hetze vorzuziehen;
- die Überlegung, zur rechten Zeit sinnvolle Pausen einzulegen und Abstand von Problemen zu gewinnen.

Askese bedeutet, auf alles zu verzichten, was gegen die Ordnung von Leib und Seele gerichtet ist.

Die Ostkirche kennt das Herzensgebet. Seelsorger in den orthodoxen Kirchen geben den Gläubigen häufig ein bestimmtes Wort, einen Bibelspruch oder ein liturgisches Gebet mit auf den Weg. Sie sollen es ständig wiederholen und sich vorsprechen. Dadurch erreichen sie einen Zustand der Konzentration und der Gelassenheit, indem sie nicht mehr durch alle möglichen Einfälle und Gedanken abgelenkt werden. So kennt sie das immerwährende Gebet: »Herr Jesus Christus, Sohn des lebendigen Gottes, erbarme dich meiner.« Während der Beter ruhig atmet, soll er diese Worte immer von neuem denken, beten, alle seine Gedanken darum kreisen lassen, sich ganz auf diese Worte sammeln, bis sein ganzes Inneres von ihnen erfüllt ist. Askese ist der Widerstand gegen Reizüberflutung. Askese ist auch Übung im Widerstand. Askese ist die Einstellung, Wesentliches vom Unwesentlichen und Erforderliches vom Notwendigen zu trennen.

Hilfe Nr. 4: Lernen Sie konkret zu beten!
Viele Gebete greifen nicht, weil sie den Kern des Problems nicht berühren. Nicht wenig Christen bitten Gott pauschal um Beistand. Sie nennen ihm ihre Schwierigkeiten und erwarten, dass er durchgreifend hilft. Was fehlt ist, dass sie über ihre versteckten Ziele und Motive nachdenken, die die Belastungen aufrechterhalten. Die ungeistlichen Fehlhaltungen und sündhaften Verhaltensmuster, die körperliche und seelische Beeinträchtigungen und Schmerzen hervorrufen, werden zugedeckt.

Wie lauten die problematischen Gebete?
»Herr, befreie mich von Hektik!«
»Herr hilf, dass ich mir mehr Zeit nehme für meine Familie!«
»Herr, schenk mir mehr Ruhe und Gelassenheit!«

Was ist an diesen – vermutlich subjektiv ehrlichen Gebeten – fragwürdig? Welche Schritte sind hilfreich?

Schritt 1: Gott soll die Hektik wegnehmen, aber alle ungeistlichen Überzeugungen zudecken. Hinter den Beschwerden stehen häufig ungeistliche Überzeugungen. Wir haben uns klargemacht, dass Hektik uns nicht wie ein Gewitter überfällt. Hektik ist teilweise selbst verschuldet. Hektik ist keine Krankheit, der wir machtlos ausgeliefert sind. Hektik ist das Ergebnis von Ehrsucht, Eitelkeit, Konkurrenzstreben und Arbeitssucht. Streng genommen machen wir uns über Gott lustig. Wir selbst treiben uns ehrgeizig und mit der Uhr in der Hand an, wollen mehrere Dinge gleichzeitig und in kürzerer Zeit vollbringen und bitten Gott, uns von Hektik zu befreien. Gott soll ein »rundes Viereck« schaffen. Er soll uns die Hektik nehmen, gleichzeitig erwarten wir, dass er unsere Hektik produzierenden Überzeugungen unangetastet lässt. Streng genommen sind solche Gebete widersinnig.

Schritt Nr. 2: Formulieren Sie die falschen Überzeugungen! Wie lauten präzise die Antriebsgedanken und Verhaltensmuster, die Hektik, Unruhe und mangelnde Gelassenheit zur Folge haben? Welcher falsche Lebensstil beschert uns die genannten Probleme? Unsere Verhaltensmuster sind lediglich Ausführungsorgane. Die problematischen Lebensüberzeugungen müssen ans Licht. Das falsche Denken muss offenbar werden. Nur wer ehrgeizig *denkt*, verhält sich ehrgeizig. Nur wer arbeitssüchtig *denkt*, verhält sich arbeitssüchtig.

Die Bibel spricht nicht umsonst von Buße oder von Gesinnungsänderung. Sind Sie bereit, die sündhaften Denkmuster vor dem lebendigen Gott im Gebet auszubreiten? Wer das praktiziert, kann falsches Denken preisgeben, kann ungeistliche Gedanken loslassen.

Schritt Nr. 3: Beten Sie um Kraft, die falschen Überzeugungen loszulassen!

Falsche Überzeugungen führen ein zähes Leben. Wir haben sie oft jahrzehntelang eintrainiert. Sie bestimmen

- den Gehstil,
- den Essstil,
- den Schreibstil,
- den Glaubensstil und
- den Arbeitsstil.

Werden in Herz und Hirn die Weichen anders gestellt, reagieren Arme und Beine, Stimme und Kreislauf ruhiger und gelassener. Wer sich einen größeren und übersichtlicheren Terminkalender zulegt und wohlklingende Vorsätze fasst, wird vermutlich scheitern. Hektik ist kein Problem des Terminkalenders, sondern der falschen Überzeugungen, die im Kopf ausgebrütet werden. Buße beinhaltet Umkehr und meint die irrealen Gedanken, die Ruhe und Gelassenheit verhindern.

Kapitel 8

Wege zur Gelassenheit

Die Bibel empfiehlt uns folgende Einstellung:
»Ein jegliches hat seine Zeit, und alles Vorhaben unter dem Himmel hat seine Stunde:
geboren werden hat seine Zeit, sterben hat seine Zeit;
pflanzen hat seine Zeit, was gepflanzt ist, hat seine Zeit;
töten hat seine Zeit, heilen hat seine Zeit;
abbrechen hat seine Zeit, bauen hat seine Zeit;
weinen hat seine Zeit, lachen hat seine Zeit;
klagen hat seine Zeit, tanzen hat seine Zeit;
Steine werfen hat seine Zeit, Steine sammeln hat seine Zeit;
herzen hat seine Zeit, aufhören zu herzen hat seine Zeit;
suchen hat seine Zeit, verlieren hat seine Zeit;
behalten hat seine Zeit, wegwerfen hat seine Zeit;
zerreißen hat seine Zeit, zunähen hat seine Zeit;
schweigen hat seine Zeit, reden hat seine Zeit;
lieben hat seine Zeit, hassen hat seine Zeit;
Streit hat seine Zeit, Friede hat seine Zeit.

Er hat alles schön gemacht zu seiner Zeit, auch hat er die Ewigkeit in ihr Herz gelegt.«
(Prediger 3, 1-8 und 11 a)

Der Prediger spricht ein weises Wort gelassen aus. Alles ist zweifellos richtig. Das Ganze stimmt mit Punkt und Komma. Und doch ist es schwer, diese Wahrheit ins alltägliche Leben umzusetzen. Alles hat seine Zeit. Geburt, Konfirmation, Krieg, Gefangenschaft, Trauung, Geburt der Kinder, Berufsfortbildung, Pensionierung, Alterskrankheiten und der Blick auf den letzten Lebensabschnitt. Wenn wir jeden Lebensabschnitt, gute und schlechte Ereignisse, Tod von lieben Menschen und Angehörigen, erfreuliche und unerfreuliche Begegnungen aus Gottes Hand nehmen, wenn wir bedingungslos Ja zu allem sagen, dann sind wir *gelassen.* Dann wissen wir: »Was er tut, ist vollkommen.«

Innerer Reichtum ist Gelassenheit

Auf seiner Wanderschaft hatte ein Mönch ein Dorf erreicht. Er ließ sich am Dorfrand unter einem Baum nieder, um zu übernachten. Plötzlich kam ein Dorfbewohner angerannt und rief: »Der Stein! Gib mir den kostbaren Stein!« »Welchen Stein?«, fragte der Mönch. »Ich träumte vergangene Nacht, dass ich am Dorfrand einen Mönch finden werde, der mir einen Stein gibt, mit dem ich für immer reich werde.« Der Mönch durchwühlte seinen kleinen Vorratsbeutel und zog schließlich einen Stein hervor. »Wahrscheinlich meinst du diesen. Nimm ihn. Ich fand ihn vor einiger Zeit auf einem Feldweg.« Staunend betrachtete der Dorfbewohner den Stein. Es war ein Diamant, der in allen Farben leuchtete. Er ging nach Hause. Die ganze Nacht konnte er nicht schlafen. Er wälzte sich von einer Seite zur anderen. Am anderen Morgen stand er auf, ging zu dem Mönch und sagte: »Schenk mir den Reichtum, der es dir ermöglicht, diesen Diamanten so leichten Herzens loszulassen.«

Wer leichten Herzens, nicht leichtfertig und unüberlegt, Kostbares abgeben und loslassen kann, besitzt inneren Reichtum, den halten nicht Ehrgeiz, Geldgier und Eitelkeit gefangen, der ist *gelassen.*

Was ist Gelassenheit?

In unserer hektischen Zeit ist Gelassenheit ein Grundpfeiler seelischer Stärke. Vielen von uns fehlt diese seelische Kraft. Gelassenheit hat etwas mit *lassen* zu tun. Wir beten nicht umsonst: »Herr, segne unser Tun und Lassen.« Selbstverständlich ist, dass wir für unser Planen, Denken und Arbeiten Gottes Segen erbitten. Ungewöhnlich ist es, für dieses Lassen den Segen Gottes zu erbitten. Lassen bedeutet:

- den Vortrag muss ich nicht halten;
- die Freizeit muss ich nicht allein übernehmen;
- die Verantwortung kann ich auch mit anderen teilen;
- die Führung kann ich getrost abgeben;
- den Besuch kann ich anderen Mitarbeitern anvertrauen;
- den »Gemeindebrief« kann ich mit anderen gestalten;
- die Veranstaltung kommt ohne meine Leitung nicht in Schwierigkeiten.

Die Liste ließe sich beliebig verlängern. Wer sich für unersätzlich hält, kann nicht loslassen. Ihm fehlen Ruhe und Gelassenheit.

Gelassenheit hat nichts mit einem »dicken Fell« zu tun. Wer ein dickes Fell hat, ist dickhäutig und stumpf, er will sich nur schützen. Das ist keine wirkliche Gelassenheit. Auch wer Tranquilizer schluckt oder Alkohol trinkt, um auf chemischen Wegen vor der Angst Schutz zu suchen, lässt wirkliche Gelassenheit vermissen. In Wirklichkeit ist er betäubt, aber keineswegs ausgeglichen.

Gelassenheit erfasst den ganzen Menschen. Weder durch psychologische Tricks noch durch andere Hilfsmittel ist sie zu erreichen. Um mit Viktor E. Frankl zu sprechen: »Wer Gelassenheit anstrebt, dem vergeht sie.« Gelassenheit ist ein Geschenk, eine Zugabe. Gelassenheit lässt sich nicht erzwingen. Sie ist auch nicht mit gutem Willen herbeizuzaubern. Gelassenheit ist keine Leistung. Sie ereignet sich ohne Anstrengungen. Keine Energie ist erforderlich, wenn der Mensch loslassen kann. Wer klammert, sich anstrengt, mit Ehrgeiz und Spannung Ziele verfolgt, wird Gelassenheit vermissen. Gelassenheit heißt, alles aus Gottes Hand zu nehmen – Gutes und Schlechtes, Erfreuliches und Leidvolles. Gelassenheit ist keine Resignation, sie beinhaltet Bejahung des Willens Gottes. Gelassenheit ist nicht nur innere seelische Ausgeglichenheit, sondern vor allem Gelassenheit den Mitmenschen gegenüber. Es ist ein Zeichen von hoher seelischer Reife, ohne Angst, ohne Überlegenheits- und Geltungsstreben, ohne Besserwisserei und Provokation dem Mitmenschen zu begegnen. Der reife Mensch muss nicht attackieren, bevormunden und seine Macht spielen lassen.

Uns fällt es nicht leicht, »gespielte« von echter Gelassenheit zu unterscheiden. Gespielte Gelassenheit ist gespielte Stärke. Ruhe und Spannungsfreiheit sind vorgetäuscht. Der innere

Frieden fehlt. Wir ernten Gelassenheit, wenn wir auf unseren selbstsüchtigen Willen verzichten. Die meisten glauben, Nachfolge Christi verlange unermüdlichen Einsatz und Kraftanstrengung bis zum Letzten. Ein Christ ist immer im Dienst. Diese Aussagen zeigen, dass Opferbereitschaft, Leistung und Dienen zum Markenzeichen eines guten Christen gehören. Unter der Hand wird Nachfolge zum Stress, zur Schinderei, zur Fron und zur leidigen Pflicht.
In Wirklichkeit sind wir Kinder Gottes, Miterben und Mitbesitzer. Wir setzen uns ein im Haus des Vaters und nicht im »Betrieb des Chefs«.

Worte über Gelassenheit, Ruhe und Frieden

»Besser eine Hand voll mit Ruhe als beide Fäuste voll mit Mühe und Haschen nach Wind.«
(Prediger 4, 6)

»Das Rezept für Gelassenheit ist einfach: Man darf sich nicht über Dinge aufregen, die nicht zu ändern sind.«
(Helen Vita)

»Ein gelassenes Herz ist des Leibes Leben; aber Eifersucht ist Eiter in den Gebeinen.«
(Sprüche 14, 30)

»Gelassenheit wendet großes Unheil ab.«
(Prediger 10, 4)

»In diesem gegenwärtigen Augenblick lasse ich alle meine Pläne, Sorgen und Ängste los. Ich lege sie jetzt in deine

Hände, Herr. Ich lockere den Griff, mit dem ich sie halte, und lasse sie dir … ich lasse mich von dir tragen.«
(Dag Hammarskjöld)

»Weitergehen heißt auch loslassen.«
(Klaus Vollmer)

»Die Ruhe Gottes macht alles ruhig. Und wer sich in Gottes Ruhe hinablässt, ruht.«
(Bernhard von Clairvaux)

»Ich darf schlafen. Du musst wachen.
Ich darf liegen. Du musst auf sein …
Es liegt alles bei dir in besten Händen.
Ich habe dir alles mit gefüllten Händen überlassen.
Ich darf schlafen, weil du wachst.«
(Heinrich Giesen: Minuten-Gebete)

»Herr gib mir die Gelassenheit, Dinge hinzunehmen, die ich nicht ändern kann, den Mut, Dinge zu ändern, die ich ändern kann und die Weisheit, das eine von dem andern zu unterscheiden.
(Friedrich Christoph Oetinger)

»Gelassenheit ist der reinste Ausdruck seelischer Gesundheit. Wer gelassen ist, hat die höchste Stufe des Menschseins und der Weisheit erreicht.«
(Peter Lauster)

Können wir unser Leben loslassen?

Es wird der schwerste Schritt im Leben eines Christen sein. Wer diesen Schritt aus vollem Herzen und aus tiefster Überzeugung bejahen kann, wird frei und gelassen.

Ich las in einer Zeitschrift zwei Zeugnisse, die mich sehr beeindruckt haben. Gott kann unsere Vorwürfe und Anklagen in Akzeptanz und Dankbarkeit umwandeln. Das eine Zeugnis hat der Evangelist Wilhelm Busch in seinem Bestseller »Jesus, unser Schicksal« veröffentlicht. Er hörte von einem Bergmann, der unter Tage verunglückt war. Ein Stein war ihm ins Kreuz gefallen. Nun war er querschnittsgelähmt. Ohne jede Hoffnung auf Besserung. Busch wörtlich: »Wo war denn dein Gott, als der Stein mir ins Kreuz fiel? So hieß es. Und dann kamen die Flüche. Eine Woche später, als ich gerade den Männerkreis beginnen wollte, ging polternd die Tür auf, und der Rollstuhl mit dem querschnittsgelähmten Mann wurde hineingeschoben. So saß er also vor mir. Und dann sprach ich über ein Wort: ›So sehr hat Gott die Welt geliebt – nicht dass er es uns gut gehen lässt – sondern dass er seinen Sohn gab.‹ Und der Mann hörte zu. Zum ersten Mal hörte er von Jesus. Eine Viertelstunde später war er ein Eigentum dieses Herrn Jesu geworden. Ich kann es Ihnen gar nicht sagen, wie alles neu wurde. Seine Wohnung kam in Ordnung. Wo man früher nur Fluchen hörte, da erklangen nun Jesuslieder. Die alten Freunde blieben weg, dafür kamen neue. Kurz vor seinem Tod besuchte ich ihn. Er hatte einen so netten Namen: Amsel. ›Amsel‹, fragte ich, ›wie geht's?‹ ›Ach‹, sagte er, ›seitdem mein Leben Jesus gehört …, da ist in meinem Haus jeder Tag wie der Tag vor Weihnachten … Busch! Ich sterbe bald, ich spüre das ... Sieh, wenn das nicht gekommen wäre, wenn Gott mich so gottlos hätte weiterlaufen lassen, dann wäre ich schnurstracks in die Hölle gelaufen. Da musste Gott in seiner rettenden Liebe so hart eingreifen und mir die Wirbelsäule zerbrechen, damit ich zu seinem Sohn, zu Jesus, finden konnte. Es ist besser, gelähmt Jesus zu gehören und ein Kind Gottes zu sein, als mit zwei gesunden Beinen in die Hölle zu springen.«*

Das zweite Zeugnis stammt von Bettina Wälde, die seit dem 37. Lebensjahr wusste, dass in ihrer Lunge ein schnell wachsendes Bronchialkarzinom sitzt. Kurz vor Weihnachten 1997 wurde es zur Gewissheit, dass Metastasen bereits im Gehirn, in der Leber und in den Lymphgefäßen sich vermehren. Der körperliche Verfall setzte rasend schnell ein. Alle Haare fielen aus. Und dann die Diagnose: »Sie haben nur noch ein halbes Jahr zu leben.« Frau Wälde über sich: »Nachts lag ich oft wach, musste weinen und haderte mit Gott. Wie kann er so etwas nur zulassen? Doch je länger ich in der Klinik lag, desto mehr erkannte ich: Das ist die falsche Frage! So bekomme ich nie Frieden. Und dass es wichtig war, diese Krebskrankheit anzunehmen, war mir klar. So fing ich wieder an, in der Bibel zu lesen und Gottes Gegenwart zuzulassen. Und siehe da, ich wurde ruhiger und aus dem ›Wie kann Gott das zulassen?‹ wurde ein ›Warum lässt Gott das bei mir zu?‹ Dabei lernte ich auch ein Prinzip, das meiner inneren Heilung gedient hat: Nur wenn ich die Wut, die ich auf jemanden habe, auch zulasse, kann ich mich wieder mit ihm versöhnen. Und genau das habe ich auch bei Gott gemacht. Ich habe alles

* Aus: idea spektrum 22/1998, S. 18.

abgegeben, um Vergebung gebeten und schließlich auch meine Krankheit akzeptiert.«*

Können wir auf Antworten verzichten?

Wir fragen und wollen Antworten. Wir beten und erwarten sichtbare Antworten. Und wenn sie ausbleiben? Verzweifeln wir an Gottes Gegenwart? Wer krampfhaft Antworten von Gott erbittet, verkrampft sich.

Den Tod meines Vaters habe ich schmerzhafter erfahren als den Tod meiner Mutter. Sie starb mit 92 Jahren. Ein reiches, arbeitsames Leben lag hinter ihr. Von schweren Krankheiten blieb sie weitgehend verschont. Fröhlich, hilfsbereit und freundlich begegnete sie allen Menschen. Sie starb im Frieden mit Gott, bis zuletzt geistig frisch und in erster Linie auch noch auf dem Sterbebett an andere denkend. »Hat Lotte auch zu Essen bekommen? Und war die Fahrt für dich, Reinhold, auch nicht zu anstrengend?« Mutter hat ein gesegnetes Alter erreicht und ein erfülltes Leben gehabt. Einen geliebten Menschen loszulassen ist schwer, aber von einem Menschen Abschied nehmen, der doch reich von Gott beschenkt wurde, ist leicht.

Vaters Tod hat mich schwer betrübt. Gerade hatte er seine Pensionierung erreicht, da traf ihn die erste schmerzliche Botschaft: Die Rente fiel sehr niedrig aus. Er war viele Jahre als Schneidermeister selbstständig, hatte aber im Ersten Weltkrieg ein Auge verloren und konnte die un-

* Aus: idea spektrum 22/1998, S. 19.

zähligen Nadelstiche mit einem immer schwächer werdenden Auge nicht mehr leisten. Schweren Herzens entschloss er sich, in einer Kleiderfirma als Zuschneider zu arbeiten. Der Rentenschock hatte ihn schwer belastet, zusätzlich ging er als Pensionär in einer Möbelfabrik arbeiten, da traf ihn ein zweiter Schlag. Bei einer Routineuntersuchung entdeckten Ärzte einen großen Schatten auf seiner Lunge. Eine Spezialuntersuchung bestätigte den Verdacht: Krebs. Dann begannen die notwendigen, aber schrecklichen Bestrahlungen. Vater litt unsäglich. Wir haben in der Familie gebetet und gefleht: »Herr, bewahre Vater vor einem qualvollen Tod, wenn es dein Wille ist.« Wir haben geglaubt und gehofft, »wo zwei oder drei in meinem Namen versammelt sind, da bin ich mitten unter ihnen«. Wir haben die Gegenwart Gottes als Wende zum Guten verstanden. Aber die Krankheit verschlimmerte sich. Krebs und Strahlen schwächten den Körper. Wir riefen: »Herr, warum antwortest du nicht? Wir bitten, und du schweigst?«

Gott hört, das ist meine feste Überzeugung, aber er erhört auf seine Weise. Wir bitten und flehen, aber seine stummen Antworten sind trotzdem beredt. Der amerikanische Seelsorger und Leiter des Instituts für biblische Seelsorge, Lawrence J. Crabb, schreibt in einem seiner letzten Bücher, das nicht am Schreibtisch entstanden ist, »sondern im Schmelztiegel des Leidens und Ringens mit der Frage nach Gott inmitten des Leidens«: »Schon während ich diese Frage stellte, wusste ich, dass ich keine Antwort erhalten würde. Niemand kennt die Antwort – außer Gott. Und er schweigt. Zumindest gibt er nicht die Antwort, die ich gern hören möchte. Manchmal lässt er es zu, dass wir leiden und keinen anderen Trost haben als den, den er in seinem Wort bereits gegeben hat ... Aber ich verlange noch immer nach Antworten – manchmal mehr als nach Gott. Gott weiß alles über uns. Diese persönlichen Kämpfe, die uns fertig zu machen drohen, sind ihm bewusst. Er kennt unsere Geschichte und unser Heute von allen Seiten. Und alles, was er uns antwortet, ist: ›Christus‹. Mehr gibt es nicht zu sagen«.*

Crabb trifft den Nagel auf den Kopf. Wir suchen Antworten, und er bleibt stumm. Wenn wir ihm uns rückhaltlos ausliefern, können wir auf Antworten verzichten. Wenn wir ihm vertrauen, können wir Antworten auf tausend leichte und schwere Probleme loslassen. Alles, was er uns antwortet, ist: Christus. Gott erfüllt nicht alle unsere Wünsche, aber er ist in Christus die Erfüllung. Gott liefert uns nicht immer perfekte Antworten, aber er ist in Christus die Antwort auf alle Fragen. Gott verheißt nicht, alle unsere Gebete zu erfüllen, aber er verheißt, immer in Christus bei uns zu sein. Die Gewissheit, er umgibt uns von allen Seiten, bringt Ruhe und Gelassenheit. Martin Luther hat es tröstlich für uns formuliert: »Wenn nicht unser Wille geschieht, geschieht, was besser ist.«

Loslassen als Alltagserfahrung

Machen wir die Erfahrung oder *verdrängen* wir die Erfahrung? Erkennen wir, dass Gott mit uns redet, oder über-

* Lawrence J. Crabb: Glück suchen oder Gott finden, Brunnen Verlag, Basel/Gießen 1996, S. 77 u. 212.

spielen wir sein Handeln an uns? Als ich 55 Jahre alt wurde, war mein Tennisspielen zu Ende. Ja, ich habe gern gespielt. Es war eine wunderbare Ablenkung, den Beratungsstress abzuschütteln. Die Gedanken konzentrierten sich auf den Tennisball und nicht auf Probleme und Lebensschwierigkeiten des Ratsuchenden. Der Körper wurde gefordert und nicht in erster Linie der Geist. Die Konzentration wurde verlagert von dem »Fall« auf den Ball. Das Tennisspiel schenkte mir einen willkommenen Ausgleich für die Arbeit in der Beratungspraxis. Aber dann kam das Aus. Nach einem engagierten Spiel kroch ich zu Hause die Treppe hinauf. Die Knie schmerzten, die Beweglichkeit war enorm eingeschränkt. Ich fühlte mich wie ein alter Mann, der seine Lebenskräfte eingebüßt hat. Ich saß in meinem Arbeitszimmer, mir kamen die Tränen. Plötzlich wurde mir bewusst: Unser Leben hat nicht nur Höhen und Tiefen. Es ist mehr als ein Auf und Ab. Die Kräfte unseres Lebens lassen kontinuierlich nach. Der Verschleiß ist nicht vorübergehend. Wir bewegen uns auf ein Ende zu. Aber an diesem Ende hat nicht der Friedhof das letzte Wort. Die Ewigkeit und das Leben bei Gott triumphieren über diese Erde mit ihren schönen und bitteren Seiten.

Noch habe ich einen Partner, der zu mir gehört. Wir freuen uns über jeden Tag, den Gott uns schenkt. Wir genießen die Früchte, die er uns gewährt. Wir danken für die Beweglichkeit, die er uns noch erfahren lässt, wir freuen uns, dass wir alle Sinne noch gebrauchen können. Es macht uns glücklich, dass wir geistig frisch sind und dass wir zu seinem Lob und zu seiner Ehre etwas beitragen können.

- Wir möchten das Positive sehen und die Möglichkeiten wahrnehmen, die Gott uns schenkt;
- wir möchten lernen, Wesentliches vom Unwesentlichen zu unterscheiden;
- wir möchten bereit sein für Aufträge, die unseren Gaben im Alter entsprechen;
- wir möchten das Hier und Heute voll ausschöpfen und uns auf Kleinigkeiten freuen;
- wir möchten den Blick schärfen für die Ewigkeit, die unverkennbar auf uns zukommt;
- und wir möchten geistlich klug werden, wie der Psalm es formuliert: »Herr, lehre uns bedenken, dass wir sterben müssen, auf dass wir klug werden.«

Loslassen heißt nicht:

- alles laufen lassen,
- alles gut finden,
- bei Misserfolgen resignieren,
- bei Niederlagen kapitulieren,
- sich unglücklich zu verkrampfen,
- in Spannung zu leben
- und in Panik zu geraten.

Loslassen heißt:

- abgeben können, wenn die Zeit reif ist,
- zurücktreten können, wenn es erforderlich wird,
- auf Dinge verzichten können, die unnötig sind,
- Menschen stehen zu lassen, wie sie sind,
- unerfüllte Wünsche zurückzugeben und
- von Träumen Abschied zu nehmen.

Sich Gott überlassen

Wer das Leben festhält, wird es verlieren. Wer sich festhält und alles, was ihm wert und teuer ist, muss schmerzliche Erfahrungen machen. Das Leben ist zerbrechlich, und wir sind es auch. Das Leben ist endlich, und wir sind es auch. Wie schwer ist es, sich loszulassen.
Wie schwer ist es,

- Pläne aufzugeben,
- Ideen beiseite zu schieben,
- Arbeiten loszulassen,
- Sorgen abzuwerfen,
- Hoffnungen zu begraben,
- Erwartungen fallen zu lassen,
- Ängste auf *ihn* zu schieben,
- Nützliches abzuschreiben und
- neue Wege zu beenden.

Ich möchte mit Charles de Foucauld beten lernen:

»Mein Vater,
ich überlasse mich dir.
Mach mit mir, was du willst.
Was du auch mit mir tun magst,
ich danke dir.
Zu allem bin ich bereit,
alles nehme ich an.
Wenn nur dein Wille
sich an mir erfüllt
und an allen deinen Geschöpfen,
so ersehne ich weiter nichts,
mein Gott.
In deine Hände

lege ich meine Seele;
ich gebe sie dir,
mein Gott,
mit der ganzen Liebe meines Herzens,
weil ich dich liebe,
und weil diese Liebe
mich treibt, mich dir hinzugeben,
mich in deine Hände zu legen,
ohne Maß, mit einem grenzenlosen Vertrauen;
denn du bist mein Vater.«

(Aus: Tageszeiten, Evangelische Buchhilfe, ohne Jahr.)